BEI GRIN MACHT SICH IHR WISSEN BEZAHLT

AF146199

- Wir veröffentlichen Ihre Hausarbeit, Bachelor- und Masterarbeit

- Ihr eigenes eBook und Buch - weltweit in allen wichtigen Shops

- Verdienen Sie an jedem Verkauf

Jetzt bei www.GRIN.com hochladen und kostenlos publizieren

Bibliografische Information der Deutschen Nationalbibliothek:

Die Deutsche Bibliothek verzeichnet diese Publikation in der Deutschen National-
bibliografie; detaillierte bibliografische Daten sind im Internet über http://dnb.d-
nb.de/ abrufbar.

Dieses Werk sowie alle darin enthaltenen einzelnen Beiträge und Abbildungen
sind urheberrechtlich geschützt. Jede Verwertung, die nicht ausdrücklich vom
Urheberrechtsschutz zugelassen ist, bedarf der vorherigen Zustimmung des Verla-
ges. Das gilt insbesondere für Vervielfältigungen, Bearbeitungen, Übersetzungen,
Mikroverfilmungen, Auswertungen durch Datenbanken und für die Einspeicherung
und Verarbeitung in elektronische Systeme. Alle Rechte, auch die des auszugsweisen
Nachdrucks, der fotomechanischen Wiedergabe (einschließlich Mikrokopie) sowie
der Auswertung durch Datenbanken oder ähnliche Einrichtungen, vorbehalten.

Impressum:

Copyright © 2015 GRIN Verlag, Open Publishing GmbH
Druck und Bindung: Books on Demand GmbH, Norderstedt Germany
ISBN: 9783668225473

Markus Volk

Berufliche Weiterbildung. Personal- und Organisations-entwicklung, Wissensmanagement und lebenslanges Lernen

GRIN Verlag

GRIN - Your knowledge has value

Der GRIN Verlag publiziert seit 1998 wissenschaftliche Arbeiten von Studenten, Hochschullehrern und anderen Akademikern als eBook und gedrucktes Buch. Die Verlagswebsite www.grin.com ist die ideale Plattform zur Veröffentlichung von Hausarbeiten, Abschlussarbeiten, wissenschaftlichen Aufsätzen, Dissertationen und Fachbüchern.

Besuchen Sie uns im Internet:

http://www.grin.com/

http://www.facebook.com/grincom

http://www.twitter.com/grin_com

Berufliche Weiterbildung

Markus Volk

Studiengang Erwachsenenbildung

TU Kaiserslautern

2015

Aufgabe 1:

Was wird unter Personalentwicklung verstanden und in welcher Form findet PE oftmals statt?

Die Personalentwicklung umfasst sämtliche geplante Maßnahmen der Personalpolitik, mit denen Mitarbeiter und Unternehmen sich weiterentwickeln sollen.[1] Die verbundenen Zielsetzungen sind Verbesserungen der Leistungsfähigkeit der Mitarbeiter, des Organisationsklimas, der Sozialkultur und Prozesse, mit Auswirkung auf die Leistungsfähigkeit des Unternehmens, sowie die Sicherung der menschlichen Ressourcen, inklusive des Nachwuchs.[2] Aktive, auf die Zukunft ausgerichtete Personalentwicklung bildet somit eine wichtige Komponente auf dem Weg zu einer lernenden Organisation.[3] Personalentwicklung stellt also eine Ressource der Gestaltung der Unternehmenszukunft dar.

Eine Sichtweise des vorangegangenen Jahrhunderts beschränkte sich darauf Personalentwicklung als betriebliche Bildung zu sehen, deren Sinn eine Abkopplung vom Arbeitsmarkt war.[4] Ein dynamischeres Umfeld zunehmend globalisierten Wettbewerbes und technologischer Entwicklung führte zu einer umfangreicheren Definition.[5] Im Zuge dessen soll, auf einheitlichen Grundsätzen, eine Wandlung von Lehrerrolle zu entwickelnden Bildungsspezialisten erfolgen und Planungszufall eliminiert werden.[6] Vernetzte Welten und deren Transparenzentwicklung im Zuge von Bewertungsportalen wie kununu[7] bedeuten auch mehr Vergleichbarkeit der eigenen Entwicklungsmöglichkeiten für Mitarbeiter und Bewerber. Daraus ergibt sich eine erweiterte Aufgabenstellung für Personalentwicklung, mit Auswirkungen auf das Beschaffungsmarketing für neue Mitarbeiter und Bildung der aktuellen Spitzenkräfte.

---

1 Petersen, Historische Grundlagen und Perspektiven der beruflichen Weiterbildung, Seite 73
2 Petersen, Historische Grundlagen und Perspektiven der beruflichen Weiterbildung, Seite 73 und 154
3 Petersen, Historische Grundlagen und Perspektiven der beruflichen Weiterbildung, Seite 71
4 Petersen, Historische Grundlagen und Perspektiven der beruflichen Weiterbildung, Seite 73
5 Petersen, Historische Grundlagen und Perspektiven der beruflichen Weiterbildung, Seite 73 bis 74
6 Petersen, Historische Grundlagen und Perspektiven der beruflichen Weiterbildung, Seite 76
7 http://www.kununu.com/ - Bewertungsportal aus Österreich, welches zur Xing AG gehört.

Personalentwicklung wird inzwischen als Summe aller beruflichen und individuellen Entwicklungsmaßnahmen von Mitarbeitern im Rahmen eines systematischen Vorgehens angesehen.[8]

Die zusammenhängenden Teilgebiete der Personalentwicklung sind Arbeitsstrukturierung, Karriereplanung und berufliche Weiterbildung.[9] Außerdem wird Personalentwicklung als gesellschaftliche Dimension mit Auswirkung auf den Arbeitsmarkt verstanden.[10] Politisch gesehen verbleibt die Verantwortung dafür in der Selbstregulierung des Marktes bzw. dessen Teilnehmer.[11]

Die vorherrschende Ausrichtung der Personalentwicklung nutzt harte Faktoren als Grundlage von Planungen. Marktinduzierte, technologische Herausforderungen, Strategie und Struktur der Organisation bilden dabei einen Rahmen für einfache Soll-Ist-Vergleiche. Es lassen sich leicht GAP-Analysen durchführen und Bedarfe darstellen, auf deren Basis dann ein Anpassungslernen von Sachwissen, Fähigkeiten und Einstellungen bzw. Werten stattfinden soll.[12]

Die Entscheidung über Entwicklungsmaßnahmen liegt häufig beim direkten Vorgesetzten als integraler Teil der Führungsaufgabenstellung.[13] Mögliche Formen in dabei sind Coaching, Instruktion und Mentoring; diese erfordern allerdings eine entsprechende Qualifizierung der Führungskräfte.[14] Inwieweit die Ziele von Unternehmen, Abteilungen und Einzelnen dabei wirklich harmonieren oder umgesetzt werden, variiert dabei.

---

8   Petersen, Historische Grundlagen und Perspektiven der beruflichen Weiterbildung, Seite 73 bis 74
9   Petersen, Historische Grundlagen und Perspektiven der beruflichen Weiterbildung, Seite 74
10 Petersen, Historische Grundlagen und Perspektiven der beruflichen Weiterbildung, Seite 74
11 Petersen, Historische Grundlagen und Perspektiven der beruflichen Weiterbildung, Seite 70
12 Petersen, Historische Grundlagen und Perspektiven der beruflichen Weiterbildung, Seite 74 bis 75
13 Petersen, Historische Grundlagen und Perspektiven der beruflichen Weiterbildung, Seite 76
14 Petersen, Historische Grundlagen und Perspektiven der beruflichen Weiterbildung, Seite 77

Der Schwerpunkt der Maßnahmen von Personalentwicklung liegt auf beruflicher Weiterbildung. Wenn berufliche Weiterbildung im Rahmen einer Gesamtstrategie des Unternehmens bzw. der gesamten Organisation individuelle und kollektive Bedürfnisse in Einklang bringen kann, ist eine wirkliche Entwicklung auf Basis von beruflicher Weiterbildung möglich. Pädagogische Einflüsse unterstehen jedoch meist noch immer ökonomischen Zwängen, da berufliche Weiterbildung letztlich Teil eines wirtschaftlichen Gebildes, des Unternehmens ist.[15]

Ein Wandel zur Orientierung von Personalentwicklung an Stakeholder Ansätzen und Kompetenzentwicklung hat bereits begonnen. Bisher bilden sich diese Entwicklungen in Branchen mit Wettbewerb um die besten oder kreativsten Mitarbeiter. Die IT Branche und Ingenieurtechnische Wirtschaftsbereiche zeigen sich als Vorreiter. Auch zeigen diese Branchen eine höhere Bedeutung von Fähigkeiten sich auch unbekannte Situationen einzustellen und Lösungen zu (er-)finden, statt bestehendes möglichst perfekt zu reproduzieren. Dieser Wandel ist also letztlich auch vom Markt her angestoßen worden. Frühe Innovatoren haben aktiv agiert bevor es notwendig wurde, viele andere Unternehmen hingegen reagieren nur auf erkannte Notwendigkeiten.

---

15 Petersen, Historische Grundlagen und Perspektiven der beruflichen Weiterbildung, Seite 77 bis 78

Aufgabe 2:

Worin unterscheiden sich Organisationsentwicklung und Organisationslernen?

Organisationen setzen sich aus Individuen und Gruppen zusammen, verfolgen Ziele oder Zwecke, nutzen funktionale, rationale Koordination bzw. Führung und sind auf dauerhaften Fortbestand angelegt.[16] In der Betriebswirtschaftslehre spricht man auch von einer systemimmanenten Selbsterhaltungszielsetzung von Organisationen. Die Sicht auf Organisation von Unternehmen wandelte sich aus dem eines maschinenartigen Gebildes hin zu einem lebenden, atmenden sozio-ökonomischen Gebilde unter Einbeziehung der Gedanken der Systemtheorie.[17] Organisationen in dieser Sicht können auch selbst lernen und sich weiterentwickeln.

Organisationslernen hinterfragt Grundlagen, Kultur, Strategien und Zielsetzungen von Organisationen inklusive positiver, wie negativer Sanktionsmechanismen und sucht daraus Weiterentwickelungen zu erreichen.[18] Individuelles Lernen ist Voraussetzung für Organisationslernen und entwickelt sich zu Organisationslernen, sobald individuelles Wissen in gemeinschaftliche Lernprozesse eingebracht wird.[19] Es entwickelt sich also.

Organisationsentwicklung ist eine gesteuerte Weiterentwicklung bestehender Strukturen. Die Zielsetzungen sind Effizienz und Zukunftsfähigkeit im Rahmen der Leistungserstellung, zumeist eines Unternehmens, aber auch nicht-wirtschaftlicher Komplexe zur Deckung von Grundbedürfnissen[20]. Auch in diesem Zusammenhang spielen soziologische Erkenntnisse eine wichtige Rolle, um informelle Organisationselement zu verstehen und nutzen zu können. Eine offene Kultur als Grundlage zur Verbesserung der Organisation gilt als erstrebenswert. Letztlich dienen alle diese Maßnahmen dem Umgang mit künftigen Herausforderungen.[21]

---

16 Petersen, Historische Grundlagen und Perspektiven der beruflichen Weiterbildung, Seite 3
17 Petersen, Historische Grundlagen und Perspektiven der beruflichen Weiterbildung, Seite 9 bis 15
18 Petersen, Historische Grundlagen und Perspektiven der beruflichen Weiterbildung, Seite XIII
19 Petersen, Historische Grundlagen und Perspektiven der beruflichen Weiterbildung, Seite 156
20 Die sogenannten Nutzenmaximierer im Sinne des Volkswirtschaftslehre als typischem Vertreter des
    öffentlichen Sektors.
21 Petersen, Historische Grundlagen und Perspektiven der beruflichen Weiterbildung, Seite XIII

Im Total Quality Management (TQM) in Verbindung mit dem japanischen Ansatz des Kaizen, der kontinuierlichen Verbesserung inklusive Verbesserung des Verbesserungsprozess selbst, haben diese Ideen Eingang in die Betriebswirtschaft gefunden. TQM wird zumeist in der Produktpolitik des Marketing verankert, während Kaizen der Organisationslehre zurechnet wurde. Im Rahmen zunehmender Prozesssicht werden beide im Business Process Management (BPM) inzwischen verbunden. BPM arbeitet dabei mit der Sicht von „Kunden des Prozess", um einen internen Nutzen abzubilden. Darin zeigt sich die strategische, oftmals zentrale Steuerung von Organisationsentwicklung.

Organisationslernen ist dagegen weniger einfach zu charakterisieren. Es existieren verschiedene Konzepte und Sichtweisen darauf, von denen sich keines eindeutig durchsetzen konnte.[22]

Single-Loop-Learning ist reaktiv und operativ auf konkrete Bedarfe ausgerichtet, im Rahmen bestehender Entscheidungs- und Führungsprozessstrukturen alltägliche Vorgänge zu verbessern.[23] Dieser Ansatz richtet sich auf kleine Probleme, die nicht groß werden sollen.

Double-Loop-Learning bindet darüber hinaus die Notwendigkeit der Veränderung von Führung mit ein, wenn externe Herausforderungen ansonsten existenzbedrohend sein bzw. werden könnten.[24] Dieser Ansatz reagiert auf eine bestehende oder zu erwartende organisatorische Krise. In letzterem Fall ist er damit aus strategischer Sicht nicht mehr rein reaktiv, sondern partiell kurzfristig zukunftsgerichtet.

Deutero-Learning bezieht sich darauf das Lernen selbst zu erlernen und somit Problemlösungskompetenz zu schaffen.[25] Somit ist dieser Ansatz darauf ausgerichtet die Fähigkeit zur Reaktion auf künftige Entwicklung zu schaffen.

---

22 Petersen, Historische Grundlagen und Perspektiven der beruflichen Weiterbildung, Seite 143 bis 144
23 Petersen, Historische Grundlagen und Perspektiven der beruflichen Weiterbildung, Seite 144 bis 145
24 Petersen, Historische Grundlagen und Perspektiven der beruflichen Weiterbildung, Seite 145
25 Petersen, Historische Grundlagen und Perspektiven der beruflichen Weiterbildung, Seite 146

Als notwendige Komponenten von Organisationslernen werden Persönlichkeitsentwicklung, Mentale Modelle, gemeinsame Vision, Lernen in Teams und ganzheitliche Systembetrachtung angeführt.[26] Dies beinhaltet das als „Entlernen" bezeichnete brechen mit Traditionen.[27] In der Praxis von Marketing und Unternehmensberatung bildet diese Erneuerung der Grundeinstellung von Unternehmen einen signifikanten Teil der Existenzberechtigung externer Berater, die außerhalb traditioneller Zwänge denken und dies einbringen.

Das umfassende Lernen einer Organisation als Kollektiv aus Menschen mit gemeinsamer Aufgabe, verbindet individuelle Kompetenzen zu einer eignen Problemlösungsfähigkeit als ganzes, welche es ermöglicht auf neue Herausforderungen zu reagieren.[28] Derartige Herausforderungen ergeben sich zumeist ausgehend von Seiten des Marktes, der Politik oder technologischer Entwicklung. Gesellschaftliche Veränderungen können ab einer gewissen Größenordnung auch dazu zählen. Alkoholverbote in Großveranstaltungen stellten so die Innovationsfähigkeit von Brauereien und andere Hersteller vor eine Herausforderung, das Resultat sind alkoholfreie Biere bis hin zu alkoholfreiem Sekt in Plastikflaschen[29].

Die reale Informations- und Kommunikationskultur im Unternehmen kann durch Offenheit und gelebt Kooperation einen effizienten Wissenstransfer gewährleisten. In der Folge kann die Führungsebene jederzeit auf die Potential aller Ebenen zugreifen. Diese idealtypische Kultur existiert jedoch selten. Entsprechend ist ein Lernbedarf erkennbar.[30]

---

26 Petersen, Historische Grundlagen und Perspektiven der beruflichen Weiterbildung, Seite 146 bis 147
27 Petersen, Historische Grundlagen und Perspektiven der beruflichen Weiterbildung, Seite 148
28 Petersen, Historische Grundlagen und Perspektiven der beruflichen Weiterbildung, Seite 143, 149 und 156
29 Für Glasflaschenverbote
30 Petersen, Historische Grundlagen und Perspektiven der beruflichen Weiterbildung, Seite 150 bis 151

Der Lernbedarf zur Schaffung einer möglichst nahe am Idealtyp angestrebten Kultur wird durch die Anpassung einer begünstigenden Struktur gestartet.[31] Diese Organisationsstruktur wird zunächst Entwickelt und bildet den Rahmen für Prozesse des Organisationslernens, andererseits benötigt die Entwicklung einer solchen Struktur auch bereits Kenntnisse darüber wie Organisationslernen funktioniert.[32] Hier zeigt sich eine spiralartige Entwicklung ähnlich eines Organisationslebenszyklus, in dem jede Struktur sich auf Erlerntem aufbaut, Lernen ermöglicht und somit wieder eine Anpassung der Struktur. Hierin zeigt sich Organisationslernen als Vorstufe für modernes Informations- und Wissensmanagement.

Zusammenfassend lässt sich Organisationsentwicklung als geplanter, strukturierter, strategischer Prozess gegenüber Organisationslernen, als lediglich geförderter, idealerweise dann selbstständiger sozio-kultureller Vorgang im Rahmen einer Organisation, abgrenzen. Organisationsentwicklung wird systematisch betrieben und gesteuert. Organisationslernen wird durch Rahmenbedingungen gefördert, damit es selbst wachsen kann.

31 Petersen, Historische Grundlagen und Perspektiven der beruflichen Weiterbildung, Seite 151 bis 152
32 Petersen, Historische Grundlagen und Perspektiven der beruflichen Weiterbildung, Seite 152

Aufgabe 3:
Bitte erklären Sie den Begriff Wissensmanagement.

Wissensmanagement erfolgt zielgerichtet in der Bereitstellung von Wissen für bestimmten Zweck und in der Schaffung einer Wissensbasis zur Verfügbarkeit für erst künftige Anwendung; dabei ist Wissensmanagement immer mit einer Interventionsabsicht verbunden.[33]

Der Begriff Wissensmanagement wird in Betriebswirtschaft, Informatik und Pädagogik verwendet. Die Technisierung von Speicherung und Verteilung bzw. Zugang zu Wissen hat diesen Bereich in den letzten Jahren verstärkt in den Blick gerückt. Durch den einfachen Einsatz von internen Wikis, Blogs und Messageboards ausgehend von der technologischen Start-Up-Szene des Silicon Valley bis in konservative Unternehmen, ist Wissensmanagement als Begrifflichkeit bekannt geworden.

Verfügbarkeiten neuer Technologien mit einfacher Bedienbarkeit erleichtern die Nutzung für den Endanwender. Die Entwicklung des Semantic Web mit seinen, nach inhaltlicher Verbindung vernetzten Inhalten, unter Verwendung von RDF-Triples, bietet dabei eine Suchhilfe, die über Suchmaschinen hinaus geht.[34] Topic Maps sind eine Form dieser semantischen Verbindungen, die von den eigentlichen Dokumenten getrennt sind.[35] Die Metadaten dienen dabei der direkten Vernetzung, wie auch der später leichteren Vernetzbarkeit mit neu hinzu kommenden Daten.

Diese Technologien erfordern somit eine hohe Kompetenz hinsichtlich der Wissensweitergabe. Vorhandenes Wissen soll in Organisationen an alle Arbeitsplätze anbindbar gemacht werden und entsprechend eines Rechtemanagement jederzeit freigegeben werden können.[36]

---

33 Petersen, Neue elektronische Medien in der beruflich-betrieblichen Weiterbildung, Seite VII
34 Volk, Open Linked Data, Open Government Data Sets, Seite 1 bis 4 und 8 bis 9
35 Petersen, Neue elektronische Medien in der beruflich-betrieblichen Weiterbildung, Seite 34
36 Petersen, Neue elektronische Medien in der beruflich-betrieblichen Weiterbildung, Seite 1

Die vernetzte Kommunikationstechnologie ermöglicht diesen Übergang zu einer Wissens- und Informationsgesellschaft.[37] Zur Umsetzung eines wirksamen Konzeptes einer Wissensbasis zum zielgerichteten Einsatz, bedarf es grundlegender Kulturentwicklung. Deren Ziel ist es, dass alle Mitglieder der Organisation bereit sind ihr Wissen zu teilen und Wissensmonopole abgebaut werden.

Auf Nutzerseite muss zunächst das Wissen, wo relevantes Wissen zu intern zu finden ist entwickelt werden. Die Hemmschwelle zur Nutzung bestehender Ressourcen bei wenig technikaffinen Gruppen muss abgebaut werden und die Zugangspunkte zum System einfach sein. Somit schließt Wissensmanagement das Management der Zugangsmöglichkeiten ein. Nur so kann der zielgerichtete Einsatz der Wissensbasis sichergestellt werden und effektive Intervention im Bedarfsfall erfolgen.

---

37 Petersen, Neue elektronische Medien in der beruflich-betrieblichen Weiterbildung, Seite 2

Aufgabe 4:

Was ist zu bedenken, wenn ein eigenständiges und selbstgesteuertes Lernen mit Hilfe elektronischer Medien in Organisationen zu fördern ist?

Selbstgesteuertes Lernen steht im Gegensatz zum klassisch fremdgesteuerten Lernen, welches aus der Tradition eines Schulsystem aus reinem Frontalunterricht mit Wurzeln im Mittelalter entstammte.

Die Hinwendung zu selbstgesteuertem Lernen bringt neben Vorteilen, wie individueller Geschwindigkeit, Flexibilität und Ortsunabhängigkeit, auch Anforderungen an den Lerner.[38] Erhöhte Selbstverantwortung, Selbstlernkompetenz, Medienkompetenz und grundlegende Bereitschaft zur Nutzung von E-Learning werden beim Anwender benötigt, damit der Einsatz von technischen Hilfsmitteln für organisationsinternes Lernen erfolgreich ist.[39] Bei der Gestaltung von Lernumgebungen ist Usability der Schlüssel zur Akzeptanz, dabei akzeptieren Nutzen Systeme die sich ihnen anpassen.[40] Neben Lernenden werden an die Lehrenden Anforderungen bezüglich Medienkompetenz, technischem Fachwissen und Aktualität der Möglichkeiten gestellt, um die didaktischen Möglichkeiten verfügbarer Technologien umzusetzen.[41] Die in den 1990er Jahren erlebbare Situation, in der Lehrende die Systeme kaum beherrschten und Lernende sie intuitiv beherrschten, ist inzwischen leicht vermeidbar.

Pädagogische Skepsis gegenüber Computern als Lernmedium hat sich partiell als selbst-erfüllende Prophezeiung erwiesen, da somit bestehende Möglichkeiten kaum genutzt wurden.[42] Ein Weg dem zu begegnen ist Blended Learning als Verbindung von E-Learning und Präsenz zur Überwindung von Nachteilen einer reinen Basis aus elektronischen Medien.[43] Die Kritik an mangelnder Kommunikationstechnologie aus

---

38 Petersen, Neue elektronische Medien in der beruflich-betrieblichen Weiterbildung, Seite 7 bis 8 und Seite 29
39 Petersen, Neue elektronische Medien in der beruflich-betrieblichen Weiterbildung, Seite 7 bis 10
40 Petersen, Neue elektronische Medien in der beruflich-betrieblichen Weiterbildung, Seite 9
41 Petersen, Neue elektronische Medien in der beruflich-betrieblichen Weiterbildung, Seite 19 bis 21
42 Petersen, Neue elektronische Medien in der beruflich-betrieblichen Weiterbildung, Seite 10
43 Petersen, Neue elektronische Medien in der beruflich-betrieblichen Weiterbildung, Seite 14 bis 19

dem Jahre 2012 wirkt drei Jahre später etwas anachronistisch[44], da selbst Tablet-PCs mit EdCast-App[45] flexibel genutzt werden können. Die Möglichkeiten sind derart vielfältig, das Nutzer mit ausgeprägter Medienkompetenz geeignete Geräte entsprechend des eigenen Lernstils auswählen können. Diese Möglichkeit kann in einer Organisation geschaffen werden, indem Nutzer die Auswahl verschiedener Möglichkeiten erhalten.

Elektronische Medien bieten Plattformen für die Entreglementierung, die im selbstgesteuerten Lernen gefordert wird und ermöglichen eine quasi gleichberechtigte[46] Kommunikation.[47] Die geforderten Kompetenzen werden eher mehr als weniger in Ermöglichungsdidaktik unter Verwendung von elektronischen Medien, da neben fachlicher und reflexiver Kompetenz nun auch technische Kenntnisse benötigt werden.[48] Hinzu kommt die Mitgestaltungsverantwortung für die Lernumgebungen mit adäquaten Problemlösungsaufgaben und des didaktischen Inputs zur Qualitätssicherung bei eingesetzter Technik.[49] In diesem Sinne hängen Business Analysten und Requierements Ingenieure in der Gestaltung der Lernumgebung von den Anforderungen der didaktischen Seite ab, um eine wirksame, angemessene elektronische Lernumgebung technisch zu gestalten.

Web 2.0 Werkzeuge haben sich als geeignete Hilfsmittel für selbstgesteuertes Lernen etabliert, soweit die Zielgruppe die nötige Medienkompetenz mitbringt.[50] Die Umgebung muss den Lernzielen angemessen sein und auch qualitativ hochwertig, um wirksam werden zu können.[51] Dies bedeutet nicht automatisch teuer, da auch auf Basis von Open-Source-Software Gestaltungen von Lernumgebungen als Kompetenzlernen selbst erfolgen können. So können angehende Projektmanager sich mit Planung und

---

44 Petersen, Neue elektronische Medien in der beruflich-betrieblichen Weiterbildung, Seite 10
45 Siehe Google Play Store: EdCast
46 Die Einschränkung liegt im Rechtemanagement, welches in der Lehrrolle zumeist so ausgeführt wird, dass Lehrende mehr Rechte erhalten.
47 Petersen, Neue elektronische Medien in der beruflich-betrieblichen Weiterbildung, Seite 28
48 Petersen, Neue elektronische Medien in der beruflich-betrieblichen Weiterbildung, Seite 28 bis 29
49 Petersen, Neue elektronische Medien in der beruflich-betrieblichen Weiterbildung, Seite 29
50 Petersen, Neue elektronische Medien in der beruflich-betrieblichen Weiterbildung, Seite 9
51 Petersen, Neue elektronische Medien in der beruflich-betrieblichen Weiterbildung, Seite 8 und 29

Modellierung beschäftigen und ihre Erfahrungen dokumentieren. Diese Dokumentation wird dabei zum Teil der Wissensbasis für spätere Lernbewegungen, auch lediglich verwandter Bereiche.

Ein Werkzeug für selbstgesteuertes Lernen sind Wikis, als einfach beliebte Form sozialer Software, die organisationsintern eingesetzt werden kann. Dies kann auch ohne externes Hosting erfolgen, sofern die Infrastruktur dazu intern existiert.

Wikis haben sich als im Zuge von Web 2.0 und dem Siegeszug von Wikipedia, als bekanntestem Vertreter, weithin durchgesetzt. Diese Systeme basieren auf der Basissoftware, die letztlich ein Dokumentenmanagement im weiteren Sinne ist.[52] Merkmale zur Umsetzung von Wikis als Dokumentationswerkzeug einer Wissensbasis sind Aktualität Einfachheit, Dynamik, Offenheit, Transparenz und eine gelebte Feedback-Kultur. Sie enthalten einen typischen Funktionsumfang und es werden bestehende Inhalte editiert. Wirksame soziale Interaktion und hohe Identifikation mit dem Werkzeug lässt Wikis lebendig bleiben. Es kommt jedoch auch vor, das Wikis nach intensiven Phasen, wie eine Nutzungsreserve, in den Hintergrund treten. Die internen Verlinkungen auch innerhalb einer Seite verbinden sich mit externen Links, zu Ressourcen, deren Verfügbarkeit in intakten Wikis gelegentlich geprüft wird. Die Netzstruktur mit Kategorien und Suchfunktionen erleichtert die Nutzung gegenüber unverbundenen Inhalten. Dies wird durch Hilfefunktionen unterstützt, die weitestgehend ebenfalls in Wiki-Form von erfahrenen Nutzern gepflegt werden. Selbstverständlich kommt ein solches System nicht ohne eine archivierende Komponente, die Wiki-History aus.[53]

Die Sicherung der History dient der Sicherheit, damit Vorversionen nicht durch überschreiben verloren gehen bzw. rekonstruiert werden können.

---

52 Theoretisch wäre ein Einsatz von Sharepoint ebenso möglich, was vor der weiten Verbreitung von Wiki in Unternehmensberatungen bereits geschah.
53 Petersen, Neue elektronische Medien in der beruflich-betrieblichen Weiterbildung, Seite 35 bis 42

Die Sicherung der Qualität der Inhalte wird beim Einsatz von Wikis stets ein Thema bleiben. Trotz des Verweises auf geringe Neigung zum Vandalismus, bleiben schlichte Fehler ein Problem.[54] Wird ein Fehler entdeckt kann aus archivierten Daten das im eigentlichen Wiki verlorene Material wiederbeschafft werden. Es geht somit nichts verloren, sondern es entsteht lediglich etwas Pflegearbeit. Die Sicherheit, dass nichts wirklich verloren geht, kann die in Wikis zu beobachtenden echten Austauschprozesse fördern.[55] Der Kreislauf aus wahrnehmen, interpretieren, reflektieren und handeln kann bei der gemeinsamen Erarbeitung von Wissen in Wikis die Prinzipien der Ermöglichungsdidaktik fast schon nebenbei abbilden. Letztlich basiert die Idee von Wikis darauf gemeinsam Wissen zu schaffen und zu verbessern, indem Menschen sich aktiv einbringen. Die dynamische Natur der Wissensbasis solcher Systeme kommt den zunehmend unvorhersehbaren Anforderungen[56] der Berufswelt entgegen. Pflegezuständigkeiten eindeutig zu verankert bleibt jedoch unabdingbar.[57] Die praktische Umsetzung ist und bleibt der entscheidende Punkt. Nur permanente Pflege und Aktivität bringt ein Wiki oder anderes Selbstlernsystem zu dauerhafter Effektivität.[58]

Jedes System, ob Wiki, Dokumentenmanagement oder anderes elektronisches Kommunikations- und Dokumentationsinstrument muss mit der Unternehmenskultur wachen. Gelegentliche Adaptionen von Zentraler Stelle können dabei ebenso notwendig sein, wie organisatorische Restrukturieren. Nicht selten werden diese zusammenhängen.

---

54 Petersen, Neue elektronische Medien in der beruflich-betrieblichen Weiterbildung, Seite 45 bis 47
55 Petersen, Neue elektronische Medien in der beruflich-betrieblichen Weiterbildung, Seite 51
56 Petersen, Neue elektronische Medien in der beruflich-betrieblichen Weiterbildung, Seite 59
57 Petersen, Neue elektronische Medien in der beruflich-betrieblichen Weiterbildung, Seite 58
58 Petersen, Neue elektronische Medien in der beruflich-betrieblichen Weiterbildung, Seite 54 bis 62

Aufgabe 5:
Wie sollte in Europa die Wissensgesellschaft gefördert werden?

Die Anfänge der Förderung von Wissen im Rahmen des europäischen Einigungsprozess entstammt bereits der Montanunion, als Vorläufer des späteren Einigungsprozesses bis hin zu Europäischen Union. Berufliche Bildung wurde als Mittel zur Zielerreichung wirtschaftlicher Stabilitätsziele gesehen, wie Vollbeschäftigung und Arbeitskräftemobilität. Zu Beginn waren Bemühungen im Arbeitsschutz des Bergbausektors durch Bildung ein Vorreiter.[59]

In der Anfangszeit standen ökonomische Motivatoren im Vordergrund, wurden bald aber von sozialen Zielsetzungen ergänzt. Seit den 1960er Jahren gab es Bemühungen um soziale Ziele, neben der Sicherung der Verfügbarkeit von Fachkräften durch berufliche Bildung. In Kooperation mit Arbeitnehmervertretungen erarbeitete Konzepte konnten sich in diesem Jahrzehnt jedoch nicht gegen nationale Widerstände bei der Abgabe von Aufgaben durchsetzen.[60]

Mitte der 1970er Jahre entstand dann das erste Zentrum für Berufsbildung auf europäischer Ebene.[61] Globalisierungswirkungen wie Wettbewerbsdruck, Innovationsnotwendigkeit und Verwerfungen am Arbeitsmarkt ließen im Verlauf der letzten zwanzig Jahre des letzten Jahrtausends die Schlussfolgerung reifen, das Anstrengungen auf europäischer Ebene für den Erhalt der internationalen Wettbewerbsfähigkeit notwendig wurden.[62] Technische Entwicklungen der Jahrtausendwende brachten dazu die Hinwendung zu Kreativität und Eigenverantwortlichkeit des Individuums, auf dem Weg in eine entstehende Wissensgesellschaft.[63] Diese Sicht konvergiert zur Informationsgesellschaft und der Auswirkung von Wissen in Verbindung mit Kommunikationsmöglichkeit des Wissen in

---

59 Petersen, Berufliche Weiterbildung im Prozess der europäischen Integration, Seite 22
60 Petersen, Berufliche Weiterbildung im Prozess der europäischen Integration, Seite 22
61 Petersen, Berufliche Weiterbildung im Prozess der europäischen Integration, Seite 23
62 Petersen, Berufliche Weiterbildung im Prozess der europäischen Integration, Seite 23 bis 24
63 Petersen, Berufliche Weiterbildung im Prozess der europäischen Integration, Seite 23

der Wirtschaftsinformatik.[64] Liberalisierte Finanzmärkte beschleunigten den, spätestens seit der Blütezeit der Republik Venedig, bestehenden Trend zur Globalisierung.[65] Der Konsens über Wissen als Wettbewerbsfaktor gegenüber Nordamerika und Ostasien führte zur Lissabon-Stratgie der EU im Jahre 2010.[66] Die Kommunikation der entstehenden Möglichkeiten lockte bereits kurz darauf Studenten in Auslandssemester.

Ziel der Lissabon-Strategie war die EU zu einem wissensbasierten Wirtschaftsraum zu machen, dieser sollte im globalen Wettbewerb bis 2010 führend werden. Ein europäischer Bildungsraum sollte unter anderem durch Investitionen in Bildung Innovationen und Forschung geschaffen werden. Mehr Menschen sollten künftig ihre Schullaufbahn mit Abschlüssen verlassen. Mathematische, naturwissenschaftliche und technische Studiengänge sollten wachsen. Schließlich wurde ein Anteil von 18,5% der Erwerbstätigen als Teilnehmer an Maßnahmen Lebenslangen Lernen als Ziel vorgesehen.[67]

Insgesamt wurde im Rahmen der Lissabon-Strategie Bildung und Wissensorientierung als Faktoren für wirtschaftliche Wettbewerbsfähigkeit erkannt.

Der bereits im Jahr vor der Lissabon Konferenz begonnene Bologna-Prozess hatte mit der Stärkung europäischer Hochschulen im Wettbewerb mit den USA und anderen Regionen eine verwandte Zielsetzung.[68] Die elf Einzelziele, mit ECTS Punkten als Vergleichs- und Transferinstrument, wurden als Mittel ausgestaltet.[69] Der Bologna-Prozess war zwar freiwillig, wurde aber dennoch weitreichend umgesetzt.[70] Positive und kritische Sichten auf die zugehörigen Veränderungen wurden intensiv diskutiert, wobei

---

64 Volk, Die Veränderlichkeit des Wissens in der Informationsgesellschaft
65 Petersen, Berufliche Weiterbildung im Prozess der europäischen Integration, Seite 23
66 Petersen, Berufliche Weiterbildung im Prozess der europäischen Integration, Seite 24 bis 26
67 Petersen, Berufliche Weiterbildung im Prozess der europäischen Integration, Seite 25 bis 26
68 Petersen, Berufliche Weiterbildung im Prozess der europäischen Integration, Seite 26 bis 27
69 Petersen, Berufliche Weiterbildung im Prozess der europäischen Integration, Seite 27 bis 29
70 Petersen, Berufliche Weiterbildung im Prozess der europäischen Integration, Seite 29

in Deutschland die Erhöhung von Arbeitslast die Richtung bestimmte.[71] Vorteile internationaler Mobilität werden, vor allem bei Studenten mit Karrierewünschen im europäischen Ausland, dagegen positiv gesehen.

Durch den Kopenhagen-Prozess wurde ab 2002 berufliche Bildung in der EU auf Zusammenarbeit und Modernisierung ausgerichtet, was als EU-Prozess verankert wurde und im Zweijahres-Rhythmus überprüft wird.[72] Dieses Vorgehen bildet nur einen Rahmen für nationale Entwicklungen mit deren Besonderheiten, die in der Folge 2004 zur Maastrichter Erklärung führte, mit Zielen zur Entgrenzung von Hochschulen und berufliche Bildung.[73] In Deutschland wurde es in der Folge möglich über berufliche Bildung und Fortbildung den Hochschulzugang ohne Abitur zu erreichen.

Zum Ende des ersten Jahrzehnts des neuen Jahrtausends rückten Verbesserung des Zugangs und Ermöglichung des Lernens in den Blickpunkt, wobei auch Netzwerke und Partnerschaften als Faktor formuliert wurden.[74] Die Einführung von EUROPASS als Instrument begann bereits 2000, die Elemente davon sind Lebenslauf, Mobilität, Sprachenportfolio, Zeugniserklärung und sofern für die Person zutreffend Diplomzusatz (diploma supplement).[75] Die weiteren Ziele der EU für eine Wissensgesellschaft sind in Mobilität und Wissenserwerb festgelegt, welche letztlich dem dritten Ziel, der Beschäftigungsfähigkeit dienen.[76] Die Förderung der Wissensgesellschaft hat also wirtschaftspolitische Zielsetzung zumindest als einen Pfeiler. Ideale von Aufklärung und gebildeten Bürgern als Säule von Demokratie und Freiheit wirken eher als Begleiterscheinungen, obwohl die Wechselwirkung beider in Wirtschaftsfächern[77] inzwischen angekommen ist.

---

71 Petersen, Berufliche Weiterbildung im Prozess der europäischen Integration, Seite 30 bis 33
72 Petersen, Berufliche Weiterbildung im Prozess der europäischen Integration, Seite 33 bis 35
73 Petersen, Berufliche Weiterbildung im Prozess der europäischen Integration, Seite 35 bis 39
74 Petersen, Berufliche Weiterbildung im Prozess der europäischen Integration, Seite 41
75 Petersen, Berufliche Weiterbildung im Prozess der europäischen Integration, Seite 42 bis 43
76 Petersen, Berufliche Weiterbildung im Prozess der europäischen Integration, Seite 62
77 Zumeist in der VWL, aber auch in Wirtschaftsethik und Stakeholer Ansatz.

Aufgabe 6:

Wie fördert die EU lebenslanges Lernen?

Die EU hat zur Förderung lebenslangen Lernens des „Programm für Lebenslange Lernen" (PLL), mit Wurzeln seit den 1970er, ab 2007 gestartet.[78] Konkrete Aktivitäten der EU werden durch den Rat und die Europäische Kommission selbst durchgeführt.[79] Neben dem Memorandum für lebenslanges Lernen wurde auch ein Definitionsvorschlag für Schlüsselkompetenzen zum lebenslangen Lernen unterbreitet.[80] Die Begrifflichkeit was lebenslang ist bleibt jedoch unscharf, wird aber wie lebensbegleitend mit „bis zur Rente" verwendet.[81] Hintergrund der Aktivitäten ist die Erkenntnis, das Akademiker durch eigene Anstrengungen ihr Ausbildungsniveau aktuell halten und ihren Stand sichern.[82] Wie schon in der Lissabon-Strategie zeigt sich die wirtschaftliche Sichtweise im Vordergrund; was sich in der Betonung von Didaktik und Methodik, vor allem aber der Eigenverantwortung widerspiegelt.[83] Neben den EU-Staaten nahmen Island, Liechtenstein, Norwegen die Schweiz und Türkei teil, Kroatien und Mazedonien sollten folgen.[84] Man könnte die Wissensprägung des Faktors Arbeit der Volkswirtschaftslehre in der Lissabon-Strategie fast auch sprachlich wiedererkennen.

Ein EU-Budget von sieben Milliarden Euro für den Zeitraum von 2007 bis 2013 zur Förderung des europäischen Austauschs, zeigt die Ernsthaftigkeit der Ziele.[85]

Die EU formulierte die künftigen Herausforderung der Bildungssysteme, darunter Methodenkompetenz, Motivation, personale, soziale und informationstechnische Kompetenzen.[86] Die EU sieht nicht länger nur traditionelles Lernen, also auch

---

78 Petersen, Berufliche Weiterbildung im Prozess der europäischen Integration, Seite 52 bis 53
79 Petersen, Berufliche Weiterbildung im Prozess der europäischen Integration, Seite 53 bis 54
80 Petersen, Berufliche Weiterbildung im Prozess der europäischen Integration, Seite 53 bis 55
81 Petersen, Berufliche Weiterbildung im Prozess der europäischen Integration, Seite 54
82 Petersen, Berufliche Weiterbildung im Prozess der europäischen Integration, Seite 53
83 Petersen, Berufliche Weiterbildung im Prozess der europäischen Integration, Seite 54
84 Petersen, Berufliche Weiterbildung im Prozess der europäischen Integration, Seite 54
85 Petersen, Berufliche Weiterbildung im Prozess der europäischen Integration, Seite 55
86 Petersen, Berufliche Weiterbildung im Prozess der europäischen Integration, Seite 55

informelles Lernen als Teil lebenslangen Lernens.[87] Die Fähigkeit freies Wissen erst für sich zu erschließen[88] ist eine an Bedeutung gewinnende Fähigkeit, da es weniger um Beschaffung sondern Filterung nach Relevanz geht.[89] Die Zunahme frei zugänglichen Wissens im Internet hat diese Möglichkeiten in der Vergangenheit stets erweitert. Ein Ende dieses Trends ist nicht abzusehen, womit technische Fähigkeiten für den Zugang schnell existenziell werden könnten.

Eine Untersuchung von 2011 zeigte dabei Unternehmen noch immer als größten Anbieter von beruflicher Weiterbildung, wobei sich nationale Unterschiede zeigen.[90] Transparenz über Bildungsmöglichkeiten zu schaffen wurde als eine Kernaufgabe erkannt, ebenso die Förderung neuer Lernkulturen mit durchlässigeren Bildungswegen.[91] Zur Förderung der Lernbeteiligung der Bürger wurden verschiedene Programme geschaffen und bestehende zusammengeführt.[92] Einige diese Programme bestanden bereits über Jahrzehnte.

Das PLL umfasst COMENIUS für den schulischen Bereich, ERASMUS für den europäischen Austausch zwischen Hochschulen, LEONARDO DA VINCI für Mobilität beruflicher Bildung und GRUNDTVIG für Innovation in Lehr-Lernmethoden der Erwachsenenbildung. Diese werden ergänzt durch Aktivitäten für politische Zusammenarbeit, Informations- und Kommunikationstechnologien, gemeinsame Nutzung von Projektergebnissen und schließlich Sprachen. Hinzu kommt das Programm JEAN MONET für Lehre und Forschung, welche Themen europäischer Integration weltweit fördert.[93]

---

87 Petersen, Berufliche Weiterbildung im Prozess der europäischen Integration, Seite 57
88 Volk, Wissen, wo das Wissen kostenlos Verfügbar ist
89 Volk, Die Veränderlichkeit des Wissens in der Informationsgesellschaft
90 Petersen, Berufliche Weiterbildung im Prozess der europäischen Integration, Seite 56
91 Petersen, Berufliche Weiterbildung im Prozess der europäischen Integration, Seite 57
92 Petersen, Berufliche Weiterbildung im Prozess der europäischen Integration, Seite 58
93 Petersen, Berufliche Weiterbildung im Prozess der europäischen Integration, Seite 59

Sprachen und Technologien als Schlüssel für die Zusammenarbeit und effektiven Austausch folgten damit Trends, die von der ersten durch das Internet geprägten Studentengeneration ganz selbstverständlich bereits für private Zwecke genutzt wurden. Die Weiterentwicklungen im Bereich von Social Media Plattformen begünstigt diese Entwicklung. Neue Portale entstehen weltweit auch im Jahre 2015 noch. Dabei muss sich bei diesen neuen sozialen Netzwerken, Kommunikationswerkzeugen und Plattformen erst noch zeigen, ob oder welche sich künftig ähnlich prägend auswirken können wie zuvor Wikis, Facebook oder OpenBC / Xing. Digitale Visitenkarten und Open Education zeichnen sich als mögliche weltweite Trends mit steigenden Nutzerzahlen ab. Diese Entwicklungen haben Anstrengungen der EU bereits teilweise überholt und sich schneller entwickelt als neue Ziele ausgegeben wurden, oder erreicht werden könnten.

Ziele der Lissabon-Strategie wurden bis zum Ziel von 2010 nicht erreicht und auf 2020 verlängert. In Teilbereichen waren gar Verschlechterungen erkennbar. Zur besseren Bewertung wurden Ziele nun als Zielgrößen formuliert, statt zuvor als Stromgrößen von Senkungen bzw. Erhöhungen. Die EUROSTAT Auswertungen zeigen dabei ein Nord-Südgefälle, was auf Traditionen bezüglich Umgang mit Wissen Bildung zurückgeführt wird.[94]

Wie wenig diese Zahlen, vor allem Durchschnittswerte, die Realität widerspiegeln können zeigt der kleine Inselstaat Malta. Hohe Studentenzahlen stehen hohen Zahlen geringer Bildung entgegen, die Mitte scheint zu fehlen.[95] Die Struktur weniger dominierender Wirtschaftssektoren wie Schiffbau, Tourismus, (Online-)Glücksspiel und Finanzsektor liefert ebenfalls nur einen Teil der Erklärung dazu. Umso schwieriger erscheint ein ähnlicher Blick hinter die Zahlen bei größeren Staaten mit entsprechend komplexerer Wirtschaftsstruktur. Die EU ist somit bei der Förderung lebenslangen Lernens stark auf die Staaten angewiesen und bietet primär den Rahmen für deren Aktivitäten an.

---

94 Petersen, Berufliche Weiterbildung im Prozess der europäischen Integration, Seite 61 bis 62
95 Der Autor lebte 2003 bis 2004 dort.

Literatur

Arnold, Rolf: *Bausteine der Erwachsenendidaktik,* Studienbrief EB 0120, TU Kaiserslautern 2014

Arnold, Rolf: *Die Entgrenzung der Weiterbildung,* Studienbrief EB 0210, TU Kaiserslautern, 2010

Arnold, Rolf: *Emotionale Kompetenz, Emotionales Lernen und Emotionale (Selbst-) Führung in der Erwachsenenbildung,* Studienbrief EB 0520, TU Kaiserslautern, 2013

Arnold, Rolf: *Porträts und Konzeptionen zur Erwachsenenbildung,* Studienbrief EB 0110, TU Kaiserslautern 2014

Arnold, Rolf, von Behr, Anna et al.: *Bildungsberatung in der Erwachsenenbildung,* Studienbrief EB 0920, TU Kaiserslautern 2014

Beywl, Wolfgang und Balzer, Lars: *Evaluation in der Weiterbildung,* Studienbrief EB 0720, TU Kaiserslautern 2014

Chelius, Christian, Dilthey, Norman und Volk, Markus: *Survey Research: Online Survey Techniques and Software,* AVM Verlag, München 2012

Dziobaka-Spitzhorn, Verena, Falk, Rüdiger und Weiss, Reinhold: *Bildungsmanagement in Betrieblichen Weiterbildungseinrichtungen,* Studienbrief EB 1210, TU Kaiserslautern 2014

Erpenbeck, John und Sauter, Werner: *Kompetenzen erkennen und finden,* Studienbrief EB 0810, TU Kaiserslautern 2010

Erpenbeck, John und Sauter, Werner: *So werden wir lernen! Kompetenzentwicklung in einer Welt fühlender Computer, kluger Wolken und sinnsuchender Netze,* Springer Verlag, Berlin 2013

Fexeus, Henrik: Die Kunst des Gedankenlesens, 4. Auflage, Goldmann Verlag, 2009

Gieseke, Wiltrud: *Entwicklung der Erwachsenenbildungswissenschaft,* Studienbrief EB 0130, TU Kaiserslautern 2013

Höffer-Mehlmer, Markus: *Handlungs- und Erfahrungsorientiertes Lernen in der Erwachsenenbildung,* Studienbrief 0510, TU Kaiserlautern, 2012

Höffer-Mehlmer, Markus: *Methoden und Medien in der Erwachsenenbildung,* Studienbrief EB 0430, TU Kaiserslautern 2014

Höffer-Mehlmer, Markus: *Persönlichkeits- und Kreativitätsförderung,* Studienbrief EB 0530, TU Kaiserslautern 2013

LeBon, Gustave: Psychologie der Massen, 1911, 7. Auflage, Nikol Verlag, Hamburg 2012

Mandl, Heinz und Winkler, Karin: Wissensmanagement, Studienbrief EB 1230, TU Kaiserlautern 2012

Malik, Fredmund: Führen, Leisten, Leben, Wilhelm Heyne Verlag, 8. Auflage, München 2001

Meffert, Heribart, Burmann, Christof und Kirchgeorg, Manfred: *Marketing – Grundlagen marktorientierter Unternehmensführung – Konzepte – Instrumente – Praxisbeispiele,* 12. Auflage, Springer Gabler Verlag, Wiesbaden 2015

Mentzel, Wolfgang, Grotzfeld, Svenja, Haub, Christine*: Mitarbeitergespräche,*

Mitarbeiter motivieren, richtig beurteilen und effektiv einsetzen, 8. Auflage, Rudolf Haufe Verlag, München 2009

Müller-Commichau, Wolfgang: *Grundlagen, Tendenzen und Optionen der Weiterbildungspolitik: Vom Recht auf Weiterbildung zum lebenslangen Lernen,* Studienbief EB 0220, TU Kaiserlautern 2014

Nagel, Reinhart, Oswald, Margit und Wimmer, Rudolf: *Das Mitarbeitergespräche als Führungsinstrument,* Klett-Cotta, Stuttart, 1999

Neuburger, Oswald: *Das Mitarbeitergespräch, Praktische Grundlagen für erfolgreiche Führungsarbeit,* 6. Auflage, Springer Fachmedien, Wiesbaden, 2015

Nuissl von Rein, Ekkehard: *Leiten von Bildungseinrichtung,* Studienbrief EB 1220, TU Kaiserslautern 2008

Petersen, Jendrik: *Berufliche Weiterbildung im Prozess der Europäischen Integration,* Studienbrief EB 1330, TU Kaiserslautern 2012

Petersen, Jendrik: *Historische Grundlagen und Perspektiven der beruflichen Weiterbildung,* Studienbrief EB 1310, TU Kaiserslautern 2015

Petersen, Jendrik: *Neue elektronische Medien in der beruflich-betrieblichen Weiterbildung,* Studienbrief EB 1320, TU Kaiserslautern 2012

Pinnow, Daniel F.: *Führen – Worauf es wirklich ankommt,* 4. Auflage, Gabler Fachverlage, Wiesbaden 2009

Reich-Claassen, Jutta: *Weiterbildung und soziale Milieus: Grundlagen für Programmplanung und Bildungsmarketing,* Studienbrief EB 1010, TU Kaiserslautern 2012

Sausele-Bayer, Ines: *Personalentwicklung als pädagogische Praxis*, VS Verlag für Sozialmedien, Springer Fachmedien, Wiesbaden, 2011

Schlutz, Erhard: *Weiterbildungsmarketing,* Studienbrief EB 1020, TU Kaiserslautern 2014

Seel, Norbert und Ifenthaler, Dirk: *Online-Lehren und -Lernen,* Studienbrief EB 0630, TU Kaiserslautern 2013

Siebert, Horst: *Didaktisches Design,* Studienbrief EB 0420, TU Kaiserslautern 2012

Siebert, Horst: *Lernstile und Lernschwierigkeiten,* Studienbrief EB 0330, TU Kaiserslautern 2011

Siebert, Horst: *Menschenbild und Bildungsanspruch,* Studienbrief EB 0310, TU Kaiserslautern 2011

Siebert, Horst und Seidel, Erika: *Lernen im Lebenslauf,* Studienbrief EB 0320, TU Kaiserslautern 2011

Tippelt, Rudolf und Legni, Carmen: *Weiterbildungs-Information und -Beratung,* Studienbrief 0910, TU Kaiserlautern 2014

Vahs, Dietmar und Schäfer-Kunz, Jan: *Einführung in die Betriebswirtschaftslehre,* Schäffer-Poeschel Verlag, 6. Auflage, 2012

Volk, Markus: *Das konstruktive Mitarbeitergespräch*, Grin Verlag, München 2012

Volk, Markus: *Die Veränderlichkeit des Wissens in der Informationsgesellschaft,* WI-Block 2015, Online im Internet: http://www.wi-block.de/wissensevolution/ –

zugegriffen am 06.11.2015

Volk, Markus: Online-Kommunikation – Online geht etwas anders, Marketingwissen Aktuell, 2015, Online im Internet: http://marketing.pfweb.eu/index.php/marketing-alle/11-online-marketing – zugegriffen am 04.11.2015

Volk, Markus: *Open Linked Data, Open Government Data Sets,* Grin Verlag, München 2011

Volk, Markus: Szenarien als Planungsinstrument, WI-Block, 2015, Online im Internet: http://www.wi-block.de/szenarien-als-planungsinstrument/ – zugegriffen am 01.12.2015

Volk, Markus: Wissen, wo Wissen kostnelos Verfügbar ist, WI-Block, 2012, Online im Internet: http://www.wi-block.de/wissen-wo-das-wissen-kostenlos-verfugbar-ist/   - zugegriffen am 04.12.2015

von Felden, Heide: *Didaktisches Handeln und Kommunikation in Lerngruppen,* Studienbrief EB 0410, TU Kaiserslautern 2014

Winkler, Brigitte und Hofbauer, Helmut: *Das Mitarbeitergespräch als Führungsinstrument, Handbuch für Führungskräfte und Personalverantwortliche,* 4. Auflage, Hanser Verlag, 2010

Wittwer, Wolfgang und Mersch, Andé: *Professionalität und Qualität,* Studienbrief EB 0230, TU Kaiserslautern 2013

Zech, Rainer und Tödt, Katja: *Gelungenes Lernen – Qualität und Qualitätsmanagement in der Weiterbildung,* Studienbrief EB0710, TU Kaiserslautern 2012